Conversaciones con
PAULO MENDES
DA ROCHA

Editorial Gustavo Gili, SL

Rosselló 87-89, 08029 Barcelona, España. Tel. 933 228 161
Valle de Bravo 21, 53050 Naucalpan, México. Tel. 55 60 60 11
Praceta Notícias da Amadora 4-B, 2700-606 Amadora, Portugal. Tel. 21 491 09 36

Conversaciones con
PAULO MENDES DA ROCHA

Títulos originales: *Maquetes de papel. Paulo Mendes da Rocha*, Cosac Naify, São Paulo, 2007; y "Conversa com Paulo Mendes da Rocha", publicado originalmente en Artigas, Rosa (ed.), *Paulo Mendes da Rocha. Projectos 1999-2006*, Cosac Naify, São Paulo, 2007.

Versión castellana: Emilia Pérez Mata
Diseño: Marián Bardal
Fotografía de la cubierta: Moisés Puente

Printed in Spain
ISBN: 978-84-252-2355-6
Depósito legal: B. 23.678-2010
Impresión: Gráficas Campás, SA, Badalona

Índice

Nota del editor

Este libro reúne dos encuentros con Paulo Mendes da Rocha de procedencia diversa. La primera, recogida aquí bajo el título "Maquetas de papel", corresponde a una publicación (*Maquetes de papel. Paulo Mendes da Rocha*, Cosac Naify, São Paulo, 2007) que recoge un seminario celebrado en abril de 2006 en la casa Vilanova Artigas en Curitiba y donde nos encontramos ante un Mendes da Rocha profesor que explica a los alumnos el valor de la idea de proyecto y su materialización en las maquetas de papel. La segunda fue una conversación mantenida en dos sesiones (abril de 2006 y abril de 2007) con Guilherme Wisnik y Martín Corullón —dos arquitectos que han colaborado en proyectos con Mendes da Rocha— tras haber recibido el Premio Pritzker en 2006 y que venía recogida en la segunda parte de la monografía sobre su obra (*Paulo Mendes da Rocha. Projectos 1999-2006*, Cosac Naify, São Paulo, 2007). Por su cercanía en el tiempo y por su diferente carácter ofrecen dos facetas complementarias sobre el pensamiento del arquitecto brasileño.

Presentación

Existe un momento mágico en el proceso de proyecto en el que los arquitectos tienen que transformar los primeros esbozos en algo palpable que pueda contemplarse a distancia, desde otro ángulo, para poder evaluar la validez de los principios adoptados en un primer impulso creativo. Es en ese momento cuando se recurre a otras formas de representación: se montan secciones y perspectivas, se cambia la escala del trabajo, se realizan maquetas de madera o, últimamente, se crean modelos digitales.

Paulo Mendes da Rocha recurre a las maquetas de papel. Cuando cree haber llegado a una primera síntesis de la cuestión propuesta, confecciona pequeñas maquetas de papel con materiales corrientes que encuentra en su estudio: alambre, cinta adhesiva, cola. Son maquetas "hechas en solitario, no para que alguien las vea", tal como se explicará más adelante.

En abril de 2006, Mendes da Rocha fue invitado a realizar un taller en la sede recién restaurada de la casa Vilanova Artigas de Curitiba.[1] Dada la relevancia que este tipo de maquetas tiene en su proceso de trabajo, él mismo escogió hablar sobre ellas. La clase se dividió en dos partes: una primera expositiva, de unas

---

[1]   La casa Vilanova Artigas en Curitiba es una institución con sede en la casa João Luiz Bettega (1953), obra de João Vilanova Artigas (1915-1985).

tres horas; y una segunda práctica, en la que los alumnos confeccionaron sus propias maquetas orientados por el arquitecto.

Durante la clase expositiva Mendes da Rocha describió, con una claridad impresionante, ese corto espacio de tiempo entre las primeras líneas trazadas y la confección de la maqueta de papel. Paso a paso narró su forma de proyectar indicando algunas premisas creativas, el recurso a un conocimiento interdisciplinar, la articulación del proyecto con el territorio y su capacidad transformadora en las diferentes esferas sociales y culturales. En el momento en que todas esas cuestiones parecen ordenarse espacialmente y contemplan el programa propuesto es cuando Paulo Mendes da Rocha construye sus maquetas.

Las maquetas, por tanto, representan un momento de evaluación para el arquitecto, pues mediante ellas comprueba las proporciones, las transparencias, las sombras que generan esos volúmenes con relación a las escalas urbana y humana.

La edición de esta clase ofrece un testimonio rico sobre el proceso creativo que Paulo Mendes da Rocha ofrece a estudiantes, arquitectos y personas interesadas por la disciplina; un tema hasta el momento inédito en los estudios sobre el arquitecto. La edición del texto ha intentado dar fluidez al discurso coloquial y mantener la cadencia de su forma de hablar. Sin duda, aquellos que conocen las clases y conferencias del arquitecto reconocerán el tono de su voz en el ritmo de las palabras.

Cuando habla sobre su trabajo, Paulo Mendes da Rocha utiliza referencias provenientes de distintos campos del conocimiento, sobre todo de la física, la geografía, las artes plásticas y la literatura. En este texto intentamos destacarlas mediante pequeñas notas, con el fin de orientar al lector sobre su origen y significado. En las conversaciones que mantuvimos con el arquitecto acerca de esta publicación, nos dimos cuenta de que muchas de sus ideas estaban apoyadas en las reflexiones de otro pensador, Flávio Motta, también profesor de la Facultad de Arquitectura y Urbanismo de la Universidade de São Paulo (FAUSP). Entre estos artistas existe un diálogo permanente cuyo punto de inflexión fue la exposición concebida por Flávio Motta para el pabellón de Brasil en la Expo'70 de Osaka, que se prolongó durante las décadas siguientes intercalando momentos de mayor intensidad y de silencio. El diálogo con Flávio Motta se encuentra detrás de la comprensión del significado de la palabra "proyecto" como orden de cosas e ideas y de la disposición "interdisciplinar para combatir la fragmentación del conocimiento".[2] Cuando se le preguntó por lo que tendría que decir actualmente sobre la obra de

---

[2]   Belluzzo, Ana Maria, "Falar em Flávio Motta é pensar em arte", en *Revista Caramelo*, 6, Facultad de Arquitectura y Urbanismo de la Universidade de São Paulo (FAUSP), 1993, págs. 48-49.

Mendes da Rocha, Flávio Motta nos respondió que todo estaba
ya dicho en los textos que publicó hace treinta años.[3]
Curiosamente, ninguno de los dos proyectos escogidos como
objeto de esta clase llegó nunca a construirse, aunque ello no mer-
ma su valor; al contrario, refuerza la importancia de ese instante
creativo breve dentro del proceso de proyecto. Sin embargo, es en
ese momento cuando se produce la materialización de la idea que
se persigue, y también donde se encuentran todos los elementos
fundamentales para el desarrollo del proyecto, haciendo que poda-
mos decir, como Mendes da Rocha: "Podemos terminar".

Catherine Otondo y Marina Grinover

[3] Véase Motta, Flávio, *Textos informes*, FAUSP, São Paulo, 1973[2] (en especial el texto:
"A jóia como projeto urbano").

Maquetas de papel

"Para quien no sabe leer, el punto de la i es una letra."
Deize Tigrona

El tema que vamos a discutir en esta clase es muy interesante. La cuestión fundamental que ocupa nuestras mentes como arquitectos es imaginar cosas que todavía no existen, como, por ejemplo, esta casa donde nos encontramos en Curitiba, una casa que salió de la mente de uno de nosotros, de João Vilanova Artigas.

Para abordar esta cuestión debemos comenzar recurriendo a aquello que la experiencia humana ha acumulado en forma de conocimiento, desde los orígenes de nuestra existencia hasta hoy. Un arquitecto debe pensar inicialmente en la historia de la arquitectura, analizar los testimonios que tenemos, algunos de ellos muy emocionantes. Tenemos que recurrir necesariamente a los testimonios de los libros y saber qué es lo que hay que estudiar para convencernos de lo que estamos haciendo. Me viene a la mente la imagen de Stonehenge,[1] esas piedras apoyadas en un frágil equilibrio milenario. Me refiero a Stonehenge por lo siguiente: si vamos a hacer un proyecto, ante todo hay que ser capaz de evocar la memoria sobre un saber, aunque no se tenga conciencia de que se sabe.

---

[1]   Stonehenge (literalmente 'piedras articuladas') es un monumento neolítico de la Edad de Bronce (3100 a. C.) situado en Salisbury, Reino Unido. Su significado es incierto y se especula con la posibilidad de que estuviese asociado a la astronomía. Se trata de un grupo de pórticos de piedras de diez toneladas de peso que forman círculos concéntricos.

Se ha descrito la ciudad contemporánea como algo más o menos desafortunado: congestión de tráfico, polución, etc. ¿No es cierto? Todos nosotros estamos en el mismo barco a la hora de repensar todo esto; es decir, tenemos que recurrir a lo que se denomina una visión crítica sobre la situación. No aceptar esto o aquello, sino preguntar "¿de qué se está hablando?".

Por ejemplo, que no haya casas para todos no es ya sólo un problema de arquitectura, en Francia incluso se queman coches porque los argelinos no tienen donde vivir. Surge entonces la cuestión primordial de la arquitectura: la fabricación, la construcción y la edificación de la ciudad. Y ahora más que nunca, la conciencia sobre la ecología, la ciudad como transformación de la naturaleza, como una nueva geografía. ¿Acaso exagero? Vamos a recordar las situaciones en las que esa transformación de la naturaleza, del paisaje, de la propia geografía es más evidente: Holanda, Santos o São Paulo eran antes lodazales. Para resolver esa situación, el ingeniero Saturnino de Brito,[2] un gran especialista en saneamiento, creó canales de desagüe, muelles y desmontes consolidando así el terreno para levantar una ciudad allí

[2] Francisco Saturnino Rodrigues de Brito (1864-1929), ingeniero higienista, autor de los estudios más importantes sobre saneamiento del siglo XIX para ciudades de los estados de São Paulo y de Espíritu Santo. Su proyecto de canales de desagüe para la ciudad de Santos creó un sistema que equilibró el flujo de las aguas de la ciudad y posibilitó su reestructuración urbana, conviertiéndose en referencia para países europeos como Francia y Alemania.

donde en principio resultaba imposible hacerlo. En el caso de la ciudad de Santos, el esfuerzo se justifica porque había otros motivos para que la ciudad se encuentre en ese lugar y que imponen la condición de dicho emplazamiento. ¿Cuáles son? En primer lugar, el puerto; entonces alguien dice: "Aquí tengo la intención de construir un puerto; pero hay mucho lodo, de modo que construiré las casas un poco más altas". Y así se hizo.

¡Todo es proyecto! Esa visión de la disposición espacial y de la instalación de las poblaciones, las infraestructuras y las casas es un trabajo muy ingenioso fruto de una experiencia humana determinada.

Pongamos el ejemplo de la casa donde nos encontramos. Si todo el mundo quisiese una casa como ésta, cada uno de nosotros necesitaría un solar de 1.000 m², y de este modo no se construye una ciudad como, por ejemplo, Curitiba. Aunque esta casa sea un ejemplo primoroso, requiere de agua potable canalizada, luz eléctrica, teléfono, gas, saneamiento y resultaría imposible construir una red de alcantarillado para un millón de casas de este tipo. Aparece entonces la idea de la vivienda vertical, que concentra a las personas para que puedan disfrutar de las ventajas de estar en la ciudad.

Razonemos de una forma menos grandilocuente; digamos, por puro placer: ¡A los niños les encanta bañarse en el mar! ¡Quiero vivir a la orilla del mar! Playas como las de Río de Janeiro

—Copacabana, Ipanema y Leblon— están repletas de edificios. ¡De otro modo, no vivirían todos allí, sino sólo tres o cuatro privilegiados!

Por tanto, la ciudad constituye el espacio ideal del hábitat humano y necesita proyectarse. Las cosas no pueden darse por un azar histórico, con desviaciones de intereses particulares; tenemos que acomodar a la población dentro de las ciudades de la forma más ordenada posible, y no sólo vender terrenos, como quieren los especuladores inmobiliarios, ya que eso provoca un gran desastre. La ciudad es para todos. Son los impuestos los que pagan el asfaltado, el alcantarillado, el transporte público y no individual, pues, como sabemos, el automóvil entorpece la circulación por las calles, no permite andar, y además contamina la atmósfera. Todo esto sucede en Londres, Ámsterdam, Milán, São Paulo... no tiene nada que ver con el Tercer Mundo.

Debemos comprender la dimensión política de nuestra profesión; es decir, influir de un modo justo en los municipios y gobiernos regionales para cambiar la mentalidad de ocupación del territorio, para que se adopten modelos nuevos y se transformen poco a poco esos lugares en algo mejor, para que se demuestre la gran ventaja que supone vivir en esta o aquella ciudad.

Otra de las cuestiones es: ¿cuál es el carácter de esa ciudad? ¿Qué va a expresar? Son aspectos filosóficos, sin duda, y también antropológicos y geográficos, y es por ello por lo que en teoría la arquitectura es tan interesante y por lo que resulta tan fácil que degenere, pues no se trata sólo de una cuestión de la cantidad de conocimientos que se tengan. Por un lado el arquitecto tiene que conocer la mecánica de los fluidos, de los suelos, las técnicas constructivas, la resistencia de los materiales pero, por otro, sólo puede saberlo todo de forma singular. Es decir, la arquitectura es una forma singular de conocimiento, algo complejo de definir; se recurre a la historia, a la ternura, a la memoria, a la realización y se decide: ¡ahora voy a hacerlo!

Maquetas

Plan director del campus de la Universidade de Vigo, España, 2004-2007

Así pues, nos encontramos en este curso para jugar, jugar en el sentido más legítimo de la dignidad humana, que es la parte lúdica y erótica de la vida, muy ligada a todo descubrimiento científico, a la personalidad de cualquiera que trabaje seriamente y que sea consciente de la dignidad del niño, que al jugar es independiente y creativo; es decir, un niño es capaz de estar alegre porque lo sabe todo. El ejemplo más simpático e interesante de todo esto es el malabarista, alguien que consigue hacer aquello que parece imposible.

La idea de hacer un curso sobre maquetas me pareció muy hermosa. No se trata de construir la maqueta para que sea exhibida y, en último término, para vender ideas, sino de construirla como un croquis: esa maqueta que se hace en soledad, no para enseñársela a alguien. Es una maqueta que se construye como un ensayo de aquello que se está imaginando. El croquis, la maqueta en blanco de un libro, una idea incipiente... como el poeta cuando emborrona la página, cuando toma notas; ese croquis que nadie discute.

Se trata de la maqueta como instrumento de proyecto; en vez de dibujar, se construye la maqueta. No tiene nada que ver con las maquetas profesionales del maquetista, que tienen la función de mostrar la idea acabada, un objeto que puede encargarse para ser expuesto y que tiene su valor. La maqueta en este caso es un instrumento que forma parte del proceso de trabajo, pequeñas y sencillas maquetas que no están pensadas para ser mostradas.

Lo interesante —a mí me lo parece y por ello estoy hablando hoy de ello— es que, en esa extensión del raciocinio, el objeto ya existe en la medida en que está configurado en nuestra mente, en el sentido de dominar la imaginación para que el objeto sea aquello que se quiere construir.

Los recursos son escasos: el hormigón armado y, sobre todo, las matemáticas, que llegaron al punto de permitir realizar cálculos de vigas y pilares, que antiguamente eran piedra; con eso podemos hacer muchas cosas.

Recientemente se ha celebrado una exposición internacional de ingeniería sobre el hormigón armado que llevaba por título *The liquid stone*,[3] la piedra líquida. Fueron los ingenieros quienes comenzaron a perfilar la idea del hormigón armado a finales del siglo XIX. Se descubrió que el acero —la fibra, como la cuerda del arco de los indios brasileños— trabaja muy bien a tracción, y que las piedras lo hacen muy bien a compresión; es decir, que la fibra no trabaja bien a compresión y la piedra no lo hace a tracción. Bien, después tenemos el cemento, que fue descubierto

[3] *The liquid stone. New architecture in concrete*, exposición y seminario celebrados en el National Building Museum (junio 2004/enero 2005) en Washington, Estados Unidos, con el fin de discutir las nuevas propuestas técnicas y formales del hormigón.

de forma empírica, que es la forma en la que suelen producirse los descubrimientos. Se quedó a la intemperie y con la lluvia se endureció (como sucede con la puzolana).[4] Ese compuesto calcáreo molido que constituye el cemento resulta muy intrigante: se amasa con agua y, mezclado con piedra machacada, se transforma en otro material, el hormigón, ¡y todo ello amparado por las matemáticas! Las matemáticas nos permiten calcular lo que se denominan momentos o esfuerzos, ¡e incluso tenemos códigos para eso! Se trata de algo hecho gracias al ingenio humano, estructuras que pueden moldearse previamente. Se construyen encofrados de madera con las formas adecuadas, se rellenan de hormigón, se ensamblan las piezas en el espacio y se crea algo que en la naturaleza no existe. Ningún tronco de árbol tiene las virtudes de una viga de hormigón armado.

Es importante saber en qué medida todo ello depende de procesos empíricos para no pensar que la erudición puede abolir la experimentación. El hormigón pretensado, por ejemplo, lo descubrió Eugène Freyssinet de un modo empírico,[5] pensando

---

[4] La puzolana es una tierra rojiza de origen volcánico que se encuentra en Pozzuoli, una población cercana a Nápoles, y que se mezcla con cal para crear cemento hidráulico.

[5] El ingeniero francés Eugène Freyssinet (1879-1962) es considerado padre del hormigón pretensado (1928), técnica que permitió la simplificación de los cantos y la disminución de las cargas, además de ser un método eficiente de asociar la prefabricación a la estructura monolítica. Sus estudios permitieron la construcción de nuevas estructuras en todo el mundo.

en la deformación: "Si tiro de este extremo..." ¡No calculó nada! Llegó tan lejos en sus experimentos que se volvió incapaz de calcular todo lo que había descubierto (he leído estos datos en su biografía).[6]

La idea de prever, la idea de la maqueta, por tanto, resulta fundamental y no tiene nada que ver con la técnica, la tecnología, la alta tecnología y la época en que vivimos. Las maquetas informáticas, por ejemplo, deben elaborarse después y no pueden sustituir ese momento de experimentación realizado no sólo como croquis, sino en forma de pequeñas maquetas. De este modo es posible ver mejor lo que se desea hacer.

Por otro lado no hay que confundir; este tipo de maqueta sencilla que se hace en soledad, sobre la mesa, es insustituible; no necesita herramientas, no necesita nada; se trata de un momento indispensable.

¿Por qué hacer maquetas de prueba? Todo el mundo conoce las maquetas de aviones, la prueba del chasis, el túnel de prueba de la maqueta de un barco. Todos hemos visto las preciosas fotografías de las maquetas que hacía Antoni Gaudí con los saquitos colgados.[7] ¡Eso es una maqueta de ensayo! Se construye la

---

[6] Véase: Freyssinet, Eugène, *Un amour sans limite*, Linteau, París, 1993.

[7] Se refiere a las maquetas de algunos proyectos de Antoni Gaudí —como la cripta de la iglesia de la colonia Güell y la Sagrada Familia de Barcelona— con las que ensayaba el arco parabólico catenario mediante modelos tridimensionales de gravedad.

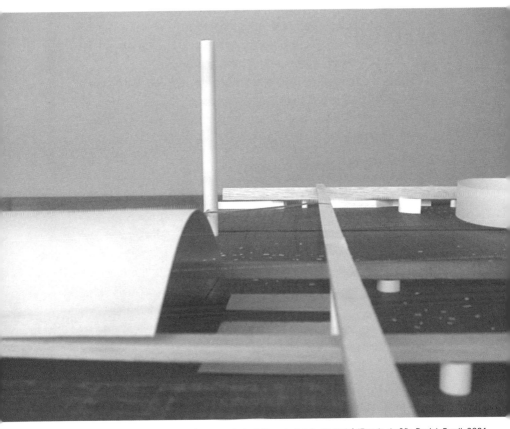

Centro de convenciones en el eje de Tamaduateí, Santo André (Estado de São Paulo), Brasil, 2001

maqueta para poder ensayar después de haber sido creada en la mente. Ahora bien, no se puede experimentar todo, porque de otro modo uno se pasaría el resto de la vida haciéndolo.

Antes de hacer estas pequeñas maquetas uno ya sabe más o menos si la idea va a quedar bien, si necesita algunas correcciones. Me refiero a algo muy particular, la materialidad de la idea, que, a mi entender, resulta insustituible. Por tanto, para nosotros los arquitectos, ver y tocar es ya materializar esas ideas en una maqueta pequeña, es como una aclaración que nos hacemos a nosotros mismos, una evaluación de lo que puede ser el edificio. La verificación de los códigos, de las matemáticas, de los momentos de inercia, de los cimientos...

Sucede lo mismo con los poetas, como, por ejemplo, con Dante, Manuel Bandeira o Shakespeare. Todos escribieron con 25 letras, las mismas 25 letras. ¿Acaso existe un código más corto que éste? ¡Sólo 25 letras! Las sinfonías de Dmitri Shostakóvich, de Sergéi Rajmáninov, de Chopin, Heitor Villa-Lobos utilizaron siete notas musicales. Toda las matemáticas, nueve algoritmos y unos signos, de modo que ya estamos habituados a ello. El problema es precisamente la construcción.

Pondré un ejemplo que oí utilizar a un profesor: imaginemos un poema que sepamos de memoria.

En las olas de la playa,
en las olas del mar,
quiero ser feliz,
me quiero ahogar.[8]

Manuel Bandeira

Supongamos que, como se hacía antiguamente, fundimos en plomo esas palabras, "mar", "quiero", etc., y jugamos con ellas en una mesa, las mezclamos, llamamos a alguien que no conoce el poema y le decimos: "¿Qué son estas palabras?" Las palabras "ola", "quiero", etc. ¡no son nada! Y la otra persona dice: "Espera, que voy a construir algo para ti: En las olas de la playa..." ¡Ahí está el poema! Es una construcción, ¿comprenden? Por tanto, la idea de construir aquello que se tiene en la mente es algo sublime y peculiar del género humano.

Ahora bien, ¿a qué recurrimos? ¿Con qué criterio se hace para poder construir la maqueta que se había imaginado? Se recurre a la conciencia de la transformación, de la dignidad, de la esperanza y de aquello que se pretende hacer. ¿Y qué es lo que pretendemos? Pretendemos educar a los niños, vivir en la ciudad,

---

[8] Manuel Carneiro de Souza Bandeira hijo (1886-1968), poeta y ensayista nacido en Recife, Brasil. Participó en el movimiento modernista, que influyó en su obra. Los versos aquí citados pertenecen a su poema *Cantiga*, de 1936.

crear un concepto de ciudad para todos. Hay que tener un apoyo mental, un conjunto de ideas, un ideario sobre toda la situación, aún más si cabe en la actualidad, que se sabe tanto.

Y aunque haya que someterse a las reglas, a las normas, pueden introducirse aspectos de aquello que se hace —aunque sea como una concesión de valor—, algo que sea capaz de conmover al otro. Por tanto, la arquitectura es una actividad crítica y la base para construir.

No sé si estoy exagerando, pero me gustaría extenderme un poco más para hablar de esas imágenes que crean referencias, que engendradas en nuestra mente son capaces de crear objetos, proyectos y ciudades. No me gustaría que fuese un discurso sorprendente sólo en el plano de la imaginación.

Existió un hombre muy ilustre que murió hace más de treinta años, un crítico de literatura principalmente, y un gran periodista: Edmund Wilson.[9] En sus críticas literarias revelaba cosas que ya habían sido comentadas sobre las obras, pero nunca de una manera tan esclarecedora. Transformó la obra de autores como Edgar Allan Poe, Gertrude Stein o Paul Valéry. En cierta ocasión,

---

[9] Edmund Wilson (1895-1972), escritor estadounidense, conocido como sagaz crítico literario, fue uno de los mayores conocedores de la literatura del siglo xx. Trabajó como reportero en la I Guerra Mundial y colaboró en revistas como *The New Republic* y *The New Yorker*. Entre sus obras se encuentran *El castillo de Axel* (1931) y *Hacia la estación Finlandia* (1940).

Wilson fue entrevistado por otro periodista, que le preguntó: "Usted es uno de los críticos más notables del mundo, ¿cuál es su método?" Se trata de esa pregunta de la que todo el mundo quiere conocer la respuesta: ¿cuál es el método del colega? Él respondió: "Es muy sencillo, cuando veo algo nuevo, que no conozco, o sobre lo que quiero profundizar, lo miro y me pregunto: ¿por qué ese autor escribió eso?" Todo esto parece una anécdota, pero no lo es.

Por tanto, cuando digan: "Esos proyectos, esa obra, son una maravilla", también pueden dar un paso atrás y preguntarse: "Pero ¿por qué razón lo hizo el arquitecto?" Se descubren entonces cosas muy interesantes. Las pirámides de El Cairo son un ejemplo. Si recordamos los famosos jeroglíficos y las pinturas egipcias nos daremos cuenta de que en ellos no aparece ninguna pirámide. ¡Ningún egipcio, ni los faraones, tenía una pequeña pirámide encima de la mesa para atraer no sé qué, como se hace hoy por ahí! Entonces, ¿por qué está ahí ese objeto?

La razón fundamental es muy sencilla, y de ahí su interés. En horizontes como el egipcio, si uno quisiese decir "estamos aquí", ¿qué haría? Es necesario colocar una "piedrita" a 130 o 140 m de altura. ¿Cómo? Sólo con una máquina. Y la pirámide es notable porque es la máquina de su propia construcción, lo que actualmente nos lleva a admirar las circunstancias de su construcción y a dar una dimensión justa a su monumentalidad.

El fenómeno de la física elemental que posibilitó la construcción de ese artefacto fue la palanca, una máquina simple.[10] Se mantiene el peso que se quiere levantar de un lado y se aumenta la distancia del brazo de una palanca empleando al propio hombre como máquina (como fuente de energía) hasta llegar a la distancia ideal para el esfuerzo exigido. Otra máquina simple es el plano inclinado, que (des)compone el esfuerzo, y algo que no podía levantarse en vertical puede hacerse mediante el plano inclinado. De este modo, esas pirámides de Egipto son mucho más impresionantes por la época en que fueron construidas. En Perú y en Chile existen pirámides construidas escalonadamente, que son otras máquinas de su propia construcción, y poder hacer lo que se quiere es una maravilla del ingenio humano.

En consecuencia, la gran cuestión de la arquitectura es saber qué se quiere hacer, un saber que no es individual, sino de la sociedad. ¿Qué deseamos? Aparece entonces de nuevo la idea de la maqueta. Se tiene una idea sobre cierta cuestión, se consigue imaginarla en su integridad y su totalidad, se entiende que es preciso construirla y entonces se somete esa idea al modelo, a la maqueta, como prolongación de la propia mente.

---

[10] Concepto de la física aplicado a todo dispositivo de una sola pieza capaz de alterar una fuerza física con la intención de ayudar al hombre en una tarea determinada. Se consideran máquinas simples la palanca, el plano inclinado y la polea de rueda y eje.

El ordenador, por ejemplo, debe utilizarse más adelante, en otra etapa. El ordenador calcula con precisión, cosas como el esfuerzo del viento sobre la estructura, por ejemplo. Antaño, cuando no había ordenadores, calculábamos todo con un coeficiente de seguridad enorme, y no fue el ordenador el que dijo que tenía que calcularse el esfuerzo del viento sino que lo calcula porque le decimos que lo calcule. Es por ello por lo que la pequeña maqueta que voy a realizar es tan intrigante e indispensable.

Como conclusión, podría decir lo siguiente: no pienso hacer maquetas con intención de descubrir una arquitectura que tenga éxito. ¡En absoluto! La maqueta discurre simultánea a los razonamientos capaces de sustentar todo un proyecto. Por tanto, más que una pequeña maqueta, voy a mostrar sobre todo el razonamiento, cómo se hizo el proyecto y en qué medida la maqueta fue indispensable para llegar a ese resultado, que no se obtuvo ni se encontró a través de la maqueta. Voy a explicar cómo se configuró con claridad en la mente la solución que hace posible llamar al calculista y al resto de colaboradores para que ayuden, se amplíe la idea y alcance sus dimensiones definitivas.

Plaza de los Museos de la Universidade de São Paulo, Brasil, 2000

Museo de Zoología, Museo de Arqueología y Etnografía y Museo de las Ciencias.

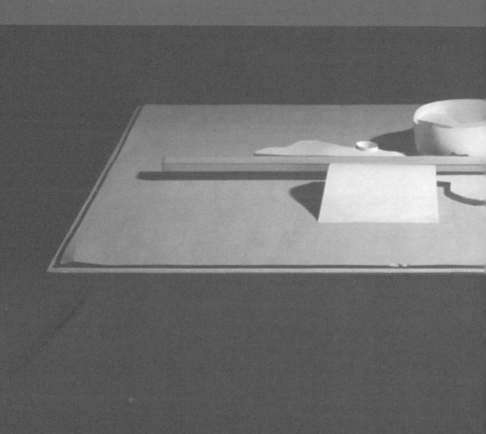

La Universidade de São Paulo es un desastre en lo que se refiere a esa idea de ciudad. En una ciudad como São Paulo, la Facultad de Derecho (1884) se encuentra en la plaza de São Francisco, la Escuela Politécnica (1894) en la calle Três Rios (desde donde los estudiantes antes iban andando hasta el río Tietê, que todavía no estaba contaminado, a remar), la Facultad de Arquitectura (1902) en un palacio en la calle de Maranhão, la de Medicina (1891) en el Hospital das Clínicas (1928), y así sucesivamente. ¿Cómo construyeron una ciudad universitaria en el campo? ¿Y cómo pueden llamar 'ciudad' a lo que no lo es? Resulta de una obstinación terrible. Se va al campo y se pretende construir una universidad, que no es más que un conjunto de edificios en medio de un prado.

No existe convivencia alguna porque entre las facultades no hay ninguna cafetería, ni una enfermería, un cine, un teatro, nada. Los estudiantes se encuentran aislados, pues no hay medios de transporte. Aunque la enseñanza es gratuita, quien no tiene dinero para comprar un coche no entra. Por eso la gente más humilde no entraba en la Politécnica o en Arquitectura, por ejemplo.

Cuando se producen manifestaciones o concentraciones en la ciudad, los estudiantes no se enteran. Antes los estudiantes

Plaza de los Museos de la Universidade de São Paulo, Brasil, 2000

se trajeaban para comer con los profesores, y en los restaurantes, en los bares, había cierta formalidad, mientras que hoy van en bermudas, haciendo *skate* por las rampas, en ese prado que crearon y que llaman Ciudad Universitaria.

¡Ya veis lo fácil que resulta equivocarse! No se debe hacer así, pero debemos creer que es posible corregir esas cosas.

Bien, a pesar de todo, la dirección de la universidad se dio cuenta de que sería interesante construir museos en el campus. El Museo de la Escuela de Antropología y Etnología —una profesión preciosa—, el Museo de Ciencias y el de Zoología (que fue dirigido por Paulo Vanzolini).[11] Resulta muy interesante introducir ese programa tan importante en el ámbito de la universidad; construir esos museos y pensar que con ello podemos atraer a la población de la ciudad, pues ahora hay una parada de metro cerca y tal vez quieran ver cómo todo ese espacio se transforma poco a poco en ciudad. De modo que pensamos hacer lo siguiente: existe un recinto muy hermoso en la universidad, que es un

[11] Paulo Vanzolini (1924), médico de formación, fue el primer director del Museo de Zoología de la Universidad de São Paulo en 1963 y responsable de la formación de las grandes colecciones de la institución. Paralelamente, junto a Adoniran Barbosa, es considerado uno de los mayores compositores de canciones de música popular.

parque, una plaza central con 300 m de frente. Y en este caso se trata de un frente inexorable, porque da a una avenida, después se encuentra la margen del río Pinheiros, a continuación el propio río Pinheiros, la línea de ferrocarril Sorocabana (en la que poco a poco están construyendo paradas, con vías de acceso a la universidad) y la margen del lado opuesto. Además, después de la avenida, la plaza tiene delante un canal artificial de 4 km de longitud, el canal olímpico. Sólo que, como está en la vega del río, desde la planta baja no puede verse ese paisaje.

Valoro la hipótesis de concentrar los tres museos en un único recinto, que puede tener un gran auditorio común, cafeterías y cosas por el estilo. Al principio la universidad no tenía esa idea y agrupar los museos fue una decisión de proyecto. De momento no existe maqueta, no hay nada todavía, lo tengo todo en la cabeza, como si fuese un escritor, un poeta. No hay nada que esbozar porque todavía no sé qué hacer.

Planteo las cuestiones que me parece que deberían resolverse, y en la medida en que se plantean, se transforman en problemas. Nosotros resolvemos problemas, así que está hecho.

¿Qué problemas? Esos museos tienen una particularidad muy atractiva: son museos de investigación y, por tanto, en ellos trabajan profesores y científicos. Es fácil imaginar lo que supone la convivencia con esos científicos; no puede darse de un modo desordenado, el trabajo cotidiano debe desarrollarse de forma

Plaza de los Museos de la Universidade de São Paulo, Brasil, 2000.
Bocetos hechos durante el taller

extremadamente organizada. Ningún científico aceptaría que de repente entrase un grupo para visitar su sala. La disposición del espacio debe permitir una organización museográfica adecuada para que puedan exhibirse los resultados de la investigación y otras personas disfruten de ese trabajo. ¡Qué problema tan interesante! Se trata del canal olímpico, de la plaza, de la convivencia armónica entre el público y los científicos.

Pensé lo siguiente: podría construir un espacio elevado; ésta es la parte empírica del saber. El viaducto do Chá (1892), en São Paulo, es un espacio elevado que conecta los dos lados del valle del Anhangabaú, y que tiene el edificio de la Light (1930) a uno de los lados, el Matarazzo (1940) al otro y el Conde Prates (1909) dispuesto de la siguiente manera: existe una entrada en el nivel del viaducto y una salida del mismo edificio en otro nivel, abajo, en el valle. Como en el edificio Martinelli (1929), donde se coge el ascensor en la calle São Bento y cuando se sale del edificio se puede bajar por la calle Líbero Badaró. Es decir, el edificio se adapta ya a cierta geomorfología que es la topografía propia de la ciudad. Ya tiene esa configuración, estaba allí y nadie se daba cuenta de esa virtud tan enorme.

En nuestro caso, imaginé que un espacio elevado podría ser el vestíbulo común de los tres museos. Cada museo tenía un programa muy específico, una parte común para visitas públicas (de entre 3.000 y 4.000 m^2), mientras que el conjunto del programa

del museo variaba entre 15.000 y 20.000 m². Me pareció que podría hacer los museos en vertical y crear un gran vestíbulo aéreo común a todos los edificios, de modo que el público siempre entrase por esa misma planta.

Enseguida me percaté de que podía hacerse muy bien dado el tamaño, esas tres torres de 45 × 45 m en planta, pues es una estructura que puedo dominar. Hay que conocer todo eso, de otro modo no es posible saber cómo cortar el papel. Después se hace el primer ensayo volumétrico, pero antes de llegar a la maqueta hay que saber todo eso de antemano.

Pronto me di cuenta de lo siguiente: en general, la carga de un museo es de 500 kg/m², una losa armada en los dos sentidos (todo esto se aprende con la experiencia). Puedo construir una losa de hasta 15 × 15 m, llamar a un calculista y conversar con él: si tengo 45 × 45 m, si pusiese cuatro pilares y emplease el perímetro de forma estructural, podría estar bien, pues no voy a construir un museo de vidrio para colocar después una cortina. Se trata de un museo cerrado que puede iluminarse luego para crear el juego escénico que se desee. En los laboratorios resulta adecuado climatizar y colocar sólo una pequeña ventana aquí o allá, para que no quede muy triste, pero se trata de museos ciegos. Puedo construir una estructura ortogonal, donde la pared tenga tan abundante armado que pueda colocar el apoyo donde quiera. Los apoyos son esos cuatro pilares con esas cuatro vigas y las luces serán de 15 × 15 m, que dan como resultado una losa de unos 45 × 45 m, pudiendo llegar hasta 50 × 50 m.

Ahora ya tengo una volumetría con la que construir el museo. Para conectar los tres volúmenes, el vestíbulo común sería aéreo, una especie de calle elevada que no es museo. Voy a construir una calle transparente para ver el canal olímpico y la línea del ferrocarril del otro lado; de ese modo la calle emerge del suelo y conecto los tres museos.

Por fin puedo comenzar a hablar de mi primer ensayo de lo que representa en términos de volumen, de cómo puede quedar hermoso en el sentido legítimo de la expresión. ¡Puede quedar muy hermoso! Ser atrayente por dentro y por fuera. Comencé pensando en el interior; no es sólo una cuestión de interior/exterior, pero por fuera tampoco puede quedar como un amasijo de cosas.

Así pues, la calle estaría elevada, en el sentido de su cualidad de ser una vía elevada; todavía no he dicho cuánto, pero bastaría con que empezara a verse el río. Sería interesante que, en cualquier caso, hubiese más museo debajo que encima.

Los museos quedan a uno y otro lado de la calle elevada. Entro en el museo y, naturalmente, como la calle está separada de los dos volúmenes principales, accedo por un pequeño pasaje que parece un cuello que se despega del edificio. Queda muy bien con la pared pintada, que verán quienes pasan por la calle.

Con dos plantas de unos 1.600 m² construyo toda la parte del museo destinada al público y conectando todo ello hay un sistema de ascensores, algunos de uso restringido y otros públicos. El ascensor es muy eficiente, pues permite atravesar una zona sin interferir en las otras. ¡Son las virtudes de la máquina! Si soy público y entro en esta doble planta, puede quedar muy elegante no construir toda la losa de forma que pueda verse una doble altura.

Vamos a dimensionar esa calle: la plaza tiene el canal enfrente y dos calles laterales, así que basta con no construirla a toda la anchura de la plaza para conseguir un ensanchamiento de las dos calles laterales de acceso. De modo que puedo subir al museo de diferentes modos, con un ascensor lento para ochenta pasajeros, como el elevador Lacerda, en Salvador de Bahía, o con una escalera mecánica que conecta y separa, aunque no es una máquina que me guste mucho, pues parece una cinta para transportar naranjas. Prefiero un ascensor grande, con ascensorista, como si fuese un tranvía con sólo dos paradas, una a nivel del suelo y otra en lo alto.

Así pues, la entrada a los museos se efectúa elegantemente por esa calle. Eso quiere decir que la calle no es en absoluto monótona, pues esa zona constituye el vestíbulo de dos volúmenes. Después, en dirección a los otros museos, prolongo la calle para construir un gran auditorio. Ninguno de esos volúmenes puede tocar al otro, deben ser autónomos y estar conectados por estructuras delicadas, evidentemente cubiertas, como pequeños puentes.

¿Cuál es la longitud ideal de esa calle? Todavía no lo sé. En este momento se recurre de nuevo a la memoria, al tamaño de las cosas. El tamaño del viaducto do Chá en el centro de São Paulo, el tamaño de una manzana (100 m), etc. El razonamiento del arquitecto no es tan extraordinario como se piensa a primera vista. No somos así, no se trata de algo excepcional. Bien, uno recuerda el Museu de Arte de São Paulo (MASP, 1957), obra de Lina Bo Bardi, que está en una manzana (100 m), pero el parque Trianon (con dos manzanas) parece proporcional, eso es bueno. La calle de São Bento tiene unos 8 m de anchura; vamos a hacer ésta con 12 m, porque no puede ser una calle monótona; habrá mostradores de información con ordenadores, puntos de venta, todo eso es muy alegre.

Incluso así, la visita a los museos todavía resulta monótona. Hay dos momentos muy interesantes para el público. El primero es la subida en el ascensor por la torre ciega, que pasa por las plantas-tipo, el depósito (en el caso del Museo de Zoología es donde están los cajones con los insectos, los abejorros, etc.), y se llega a lo alto del edificio.

Voy a contar algo que me mostró un profesor amigo mío, muy amable, algo increíble de uno de esos museos de zoología. Fuimos a la zona de los insectos y abrió un cajón que tenía miles

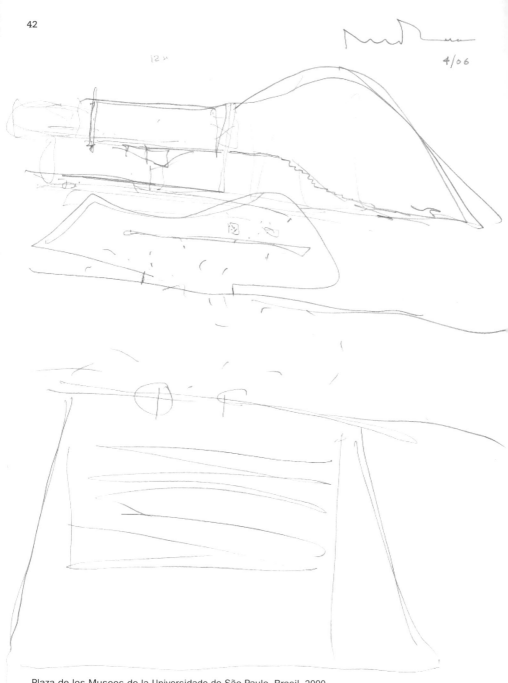

Plaza de los Museos de la Universidade de São Paulo, Brasil, 2000.
Bocetos hechos durante el taller

de mosquitas verdes, todas ellas muertas y con su correspon-
diente etiqueta, y dijo: "Esta bandeja nos la han prestado desde
Colombia, para que la gente pueda verla".

De esta forma uno va juntando esas imágenes y realizando
recorridos mentales: la calle, el ascensor, la entrada al volumen
del museo con su doble altura, una zona climatizada, y te vas con-
venciendo de que no podía ser de otra manera. En ese momento
aparecen las virtudes de la solución que se está adoptando. En
este caso el ascensor proporciona momentos extraordinarios,
con su parada en la cubierta. Es algo muy bonito: si se desea,
puede llegarse hasta la cima, donde puede haber espectáculos
o exposiciones al aire libre; y allí uno puede ver a alguien que ha
subido a la cubierta del Museo de Etnología, lo que probablemen-
te le sorprenda y le haga preguntarse: "¿Cómo ha ido a parar
ahí?" ¡Un paisaje nuevo! Se trata de tres plazas autónomas en lo
alto, algo muy raro en São Paulo; un lugar desde donde incluso
se ve el pico de Jaraguá de una forma muy hermosa. Esto es una
maravilla para la Universidade de São Paulo.

Otro momento especial para el visitante lo puede proporcionar el espacio de una gran plaza con un arbolado bien dispuesto,
pues falta un lugar donde tomar un café y conversar, donde haya
una cantina y un jardín. Aparece entonces el siguiente inconve-
niente (incluso, hasta cierto punto, abominable, como suele decirse): ¿ahora voy a cercar el museo para que no se lo invada?

No, en lugar de ello, puedo hacer otra intervención en el nivel del suelo que era un jardín (la plaza actualmente es enorme, tiene más de 500 m de longitud): puesto que no quiero descender hasta el nivel del suelo, porque me va a traer problemas para configurar con claridad y (hasta cierto punto) aprisionar ese espacio que ahora pertenece de un modo diferente a los tres museos y no sería bueno, puedo optar, en cambio, por elevar el suelo a una altura de aproximadamente 1,80 m; con ello consigo construir una losa debajo de ese museo a la que llega el ascensor, una zona que no es necesario cerrar. Esa parte inferior sobresale de la proyección del edificio a modo de jardín y entra en el área del otro museo de forma que puedo crear un jardín inferior propiamente dicho, el territorio, un jardín que funcione con una escala adecuada para la gente. Así, la zona arbolada llega hasta ahí abajo, algo que puede ser muy agradable para colocar mesas de café y para todo. En otra posible situación, los fantásticos guaiambés[12] invaden la zona inferior de los museos y conviven con los espacios de socialización cuya salida a la calle se produce únicamente a través del ascensor, en el interior de los museos. De repente, todo esto se encuentra debajo de un gran edificio que sólo tiene

[12] Guaiambé: arbusto de la familia de las aráceas cuyo nombre científico es *Philodendron bipinnatifidum*, famosa planta ornamental de hojas majestuosas con distintas hendiduras y orificios.

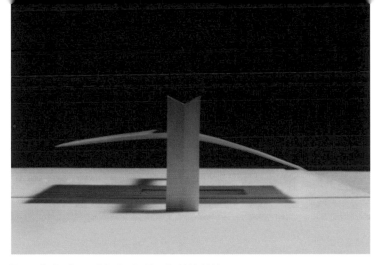

Praça do Patriarca, São Paulo, Brasil, 1992-2002

un pequeño pilar muy distante; se puede entrar y salir a través de esas estructuras en forma de arabesco. El propio pavimento no llega al suelo; todo es un gran jardín, al estilo de Roberto Burle Marx.[13]

Más tarde se llama al calculista para dimensionar los pilares y las vigas según la normativa brasileña. No es que lo quiera yo; es necesario respetar la normativa, la historia, la cultura, el comportamiento de tu pueblo. Cuando el dimensionado previo está listo y se ha comprobado que queda bien, puede hacerse la maqueta.

En el proyecto de la Praça do Patriarca (São Paulo, 1992-2002) fue así. Quería hacer algo transparente que no llenara de pilares el centro de la plaza, y es ahí donde empezaron a mostrarse las virtudes de aquello que tenía en mente. Mantenía ya mis reservas

[13] Roberto Burle Marx (1909-1994), paisajista y artista polifacético, imprimió a sus proyectos los ideales modernos vinculados a los descubrimientos formales de las vanguardias de la primera mitad del siglo xx. Fomentó la investigación sobre la flora brasileña y creó una de las mayores colecciones de especies autóctonas.

por estar construyendo en la Praça do Patriarca, pues sabía que no gozaría de ninguna libertad. ¿Saben por qué? Si se construyesen cimientos sobre ese pavimento o se perforasen orificios, saldría gas por todos los lados y se cortaría la línea telefónica de toda la ciudad, porque São Paulo no tiene registro de las galerías de las redes de agua de lluvia, de gas y de teléfono. Tenía que encontrar una manera de evitar todos los problemas del subsuelo. En este caso llamé a un especialista en cálculos, Fernando (hijo de Julio Stucchi, el ingeniero que colaboró conmigo en el Clube Atlético Paulistano, São Paulo, 1958), a quien entusiasmó la idea. Antes de realizar el cálculo elaboramos una aproximación del peso que tendría la estructura metálica: 80 t, ni una más. Por tanto, sólo podíamos cargar 40 t en cada "pata", lo que no es mucho, y de este modo no son necesarios cimientos, sino una cimentación por losa, como una raqueta para andar por la nieve. Se hacen de 2 × 2,25 m de profundidad, sin pilotes, y pueden colocarse en cualquier parte.

Por tanto, empecé a pensar como quien hace una pequeña maqueta, y a pasearme con esa estructura por la plaza; un poco más hacia allá, un poco más hacia acá. De todos modos, como la cubierta tenía que proteger a quien sube por la escalera mecánica, no podría pasearla demasiado. Es una maqueta fácil de hacer: dos hojas de papel, para ver cómo se trabaja con esa forma de asa, se hace el arco y ya está.

En cinco minutos se hace una maqueta —para uno mismo, no se enseña a nadie— y se puede ver ya la construcción con las dimensiones que dio del calculista. Para dormir tranquilo, para decir: "¡Va a quedar bien!" Se hace con la proporción correcta, se hace una maqueta de papel, con un tornillo para que quede en pie, del tamaño de la estatua del Patriarca. Entonces te sientas solo en el suelo —nadie te mira— y la observas… Como haría un poeta, te tomas otra copa, te fumas otro cigarrillo, to aooroao o lo ventana, te tiras de los pelos…; nadie tiene que verlo. Después miras de nuevo y te dices: "¡Es exactamente eso!"

En esto consiste la pequeña maqueta. No hace falta aprender a hacerla, pues se construye con lo que haya a mano, con dos pequeños trozos de madera, un papel. ¿Por qué? Porque uno corta el trozo de madera del tamaño del objeto, coloca los pilares… Los pilares de la primera maqueta los hice de la siguiente manera: corté con una cuchilla la altura entre forjados en el papel, después corté varios trozos de un tamaño cualquiera, los enrollé en la mano, usé pegamento para papel, hice un tubo de papel, uno, dos, tres, veinte metros de equilibrio para ver cómo quedaba la cosa; me refiero a que yo ya sabía que quedaba bien, pero sirvió para ver lo bonito que quedaba, ¿entienden? Y de este tipo de maquetas es de lo que estamos hablando, de la maqueta hecha en soledad para que nadie la vea.

Con esto ya puedo presentar el proyecto a la Universidade de São Paulo (USP). También se puede fotografiar la maqueta, lo que produce un resultado muy bueno y no da la sensación de ser una tontería de arquitecto. No es el resultado del delirio de alguien que se pone a cortar papeles, sino que ya constituye un anteproyecto: losas bidireccionales de 15 × 15 m, 500 kg/m^2, muro de carga, cerramientos y accesos.

Hay una cosa que no he dicho, pues es un poco formalista, pero que voy a decir ahora: de pronto me di cuenta de que era indispensable (pues como autor de la idea emplearía cualquier artificio para que quedase bien) que las tres plazas en cubierta de los museos estuvieran situadas a la misma cota, cosa que resulta fácil pues puedo aumentar la altura de los pilares en algunos espacios, quizás en el Museo de las Ciencias pueda construir una sala de 10 m de altura para colgar objetos de gran tamaño. Con el fin de garantizar que ninguna de las terrazas en cubierta quedara más baja que el resto, las tres están enrasadas en el mismo horizonte. Todas verán la misma puesta de sol, ninguna arroja sombra sobre la otra y es posible ver a la gente desde lejos. El auditorio es muy bonito y muy sencillo, porque tiene un banco de obra en el suelo y la entrada se crea mediante la calle elevada, pero sin que el banco se apoye en ella. La cubierta es una losa curva de hormigón y la estructura del auditorio propiamente dicha es metálica, con pocos pilares, y con cerramiento de vidrio. El vestíbulo está en el nivel de la calle y al fondo se encuentra una pequeña cafetería a la que se accede lateralmente y que se amplía en dirección al jardín. El jardín situado debajo cruza a su vez la calle elevada, de modo que una calle no se monta sobre la otra, sino sobre la zona verde.

Proyecté esos dos edificios cuadrados, y en el edificio del Museo de las Ciencias, como es más libre, empleé una corteza envolvente y los cuatro pilares en el centro, aunque con un perímetro de sección circular.

Coloqué un gran ascensor a la altura del jardín que sube a la calle elevada, pero puede quitarse, pues en este caso podemos experimentar. Me pareció que quedaba bien ese ascensor exterior, además de aquellos específicos del edificio, porque permite ir a las cantinas o a comprar libros en la calle elevada sin necesidad de entrar en los edificios; esta flexibilidad me parecía una virtud del proyecto. En los extremos de la calle creé una estructura de vidrio que alberga dos ascensores de 4 × 4 m. Tenemos que saber utilizar el ascensor como una máquina, como el mejor sistema de transporte para el proyecto. Un ascensor se compra a un precio mínimo, calculando su caudal, como si se tratase de algo hidráulico, y se cree que para que sea rentable tiene que dar servicio a quince plantas. Se trata de un error pues también puede emplearse para dos o tres plantas. El ascensor hidráulico es fantástico, no tiene la caja de maquinaria, ni cables, nada. Por regla general, en arquitectura empleamos técnicas anacrónicas y rudimentarias. Si nos fijamos en los aviones —que nos siguen atrayendo, sobre todo los grandes— cuando aterrizan, el ala se mueve por completo gracias a unos motores que accionan los mecanismos para levantar los alerones. Utilizamos pocas máquinas en nuestros proyectos, tan sólo una puerta automática aquí y allá; deberíamos utilizar más el ascensor y con mayor soltura.

Nos encontramos supeditados a la idea de beneficio, pero no se trata de proporcionar beneficios, pues eso no produce más que un enorme perjuicio. Es como si se culpara al científico que descubre una nueva ameba que salvará a la humanidad por haber gastado más de 12 litros de ácido sulfhídrico. No se trata de saber si produce beneficios; en un primer momento el beneficio es general.

En esta planta puede verse que creamos unas salas muy intri-
gantes. La pared exterior es de hormigón y la losa no se interrum-
pe para colocar el ladrillo, pues después hay que rematar y no se
puede colocar el enlucido. Es preferible hacerla íntegramente de
15, 16 o 20 cm como máximo para que sea maciza y que no tenga
encofrado perdido. De este modo puede hacerse sin problemas
un voladizo de 4 m con una losa de 10 cm de grosor. Con estos
datos en mente hice una prueba (que acabé por desechar) apro-
vechando la idea de que una parte de esa losa podría extenderse
fuera del volumen, y acristalarse como si fuera una vitrina para
poder disfrutar del paisaje, introduciendo una luz diferenciada en
el salón. Quizá mirando desde esa vitrina acristalada se pueda
avistar el pico de Jaraguá y recordar que cuando los indios vivían
allí el paisaje era el mismo...

Para llegar a la segunda planta creé una rampa con la siguiente idea: supongamos que la altura sea considerable, como con-
viene en este tipo de espacios, y que la rampa se despliegue en
un único movimiento; puede que sea algo monótono, pero resulta
muy elegante pensar en un desnivel de 5 m entre las plantas;
subir dentro del propio salón, salir de la planta baja y llegar a
una altura límite (2,10 m) de modo que pueda pasarse sobre la
estructura. Cuando sea inevitable salir, se sale del volumen del

museo y se hace una rampa con la longitud necesaria para entrar en otra planta. Esa idea me gusta mucho porque resuelvo esa transición de niveles, sea la que sea (4, 6 o 12 m), lo que indica que el principio de mi hipótesis era correcto, al mismo tiempo que gano una visión inusitada de la exposición, desde lo alto, a 2,10 m del suelo. ¿No es esto hermoso? Hay algo misterioso, se sale por la rampa y uno se encuentra fuera del museo, allí en lo alto, y se sigue caminando por la rampa (transparente) hasta llegar a la segunda planta.

Para la entrada de la planta baja imaginé que, viniendo desde la calle, la losa no estuviese completa: hay media planta en la planta inferior y, después, la plaza. Es como en el Palacio das Artes (Parque do Ibirapuera, São Paulo, 1951) de Oscar Niemeyer, donde al entrar encuentras un vacío; la planta no está completa y resulta algo muy intrigante e inesperado.

Con el proyecto de la Plaza de los Museos de la Universidade de São Paulo estamos todavía en fase de estudio, pero ésta es la idea básica que nos permite ensayar con maquetas las virtudes de nuestra hipótesis. Si en este momento alguien me preguntara que dónde están los aseos, le contestaría: "No lo sé, pregunte al portero; todavía no he llegado a eso". Pero tengo que admitir que, a partir de ahora, esos programas más específicos van a acomodarse fácilmente en la estructura principal.

El problema no es ése, sino la disposición espacial de los museos de la Universidade de São Paulo mediante un sistema constructivo que engendre suficientes virtudes para sustentar una idea: una vista sobre el río, la asociación de los tres museos, las plazas aéreas, la convivencia en el jardín y la posibilidad de que los científicos vivan sin entrar en conflicto con los visitantes. Un científico baja para tomar un café en el jardín y se encuentra con un grupo de niños que van al museo; nadie necesita saber quién es el que, con su bata puesta, disfruta de la posibilidad de observar a los niños. Ésa es la ciudad que uno se imagina a la hora de hacer algo.

Cualquier proyecto desencadena transformaciones y posibilita nuevas relaciones como ésta que he descrito: el científico tomando su café. Por ello se trata de algo peligroso, porque un mal proyecto también desencadena horrores, degeneración, una mala convivencia...

No creo que la arquitectura haga a nadie virtuoso. Se puede asesinar a alguien en cualquier apartamento, aunque sea de Le Corbusier; ahora bien, uno sabe qué es deseable y qué es una tontería, si algo es inútil, si es sólo un autoelogio carente de significado. Si nos preguntáramos cuál es la virtud indispensable de la arquitectura, diría que, para mí, es ser oportuna.

Y en ese caso uno puede imaginar sus cosas y construir sus maquetas, pero se trata, sobre todo, de modelos estructurales; es decir, el desafío se encuentra en la cuestión estructural. La calle del proyecto de la plaza de los museos tiene algo más de 200 m y puede tener una altura mínima al ser transparente por dos lados. Incluso de noche, es una cinta de luz que no se mueve, porque al otro lado del río hay otra cinta de 150 m en movimiento: el tren. Comienza a aparecer la ciudad, es sábado, está celebrándose una regata de barcas de remo. Se multiplica el valor del espectáculo, se ponen de manifiesto cosas que estaban escondidas.

La construcción de una maqueta de este tipo es importante porque consigue identificar las proporciones, las transparencias; uno imagina enseguida el jardín con los guaiambés, a gente tomando café al lado del edificio contemplando los macizos de plantas y, si se presta atención, hasta se consigue sentir el olor del aguacero que acaba de caer. Uno sabe del gozo que eso va a producir, ¡es algo fantástico!

La gracia y la belleza de la vida hecha con hormigón y ladrillo. Para eso uno recurre a recuerdos que pueden proceder de la infancia. Se trata de una disposición espacial de cosas abstractas, de modo que es uno mismo quien produce la cosa, como un poema que, si no fuese escrito, editado y publicado, simplemente no existiría. Y cuando el poeta escribe, la tinta y la mano se vuelven negras y la obra se convierte en materia; es una cosa, al igual que una viga que es una cosa calculada, con su momento de inercia y todo lo demás.

¡Estamos condenados a producir cosas, si no, no hay nada que ver!

Por último, este proyecto posee el carácter que creo que es fundamental que esté presente en la universidad: la multidisciplinaridad. Ése es su valor educativo real, que está por encima de las especificidades de cada facultad. Cuando un antropólogo, un físico y un arquitecto se encuentran en el mismo café se discute de política y de filosofía.

Depósito elevado de agua,
Urânia (estado de São Paulo),
Brasil, 1968

Durante el gobierno de Abreu Sodré,[14] un asistente del profesor Lucas Nogueira Garcez,[15] presidente de la compañía eléctrica de São Paulo (CESP) de 1966 a 1975, me planteó una cuestión muy interesante.

Debido al crecimiento acelerado de las ciudades del interior del estado de São Paulo, surgió la necesidad de construir varios depósitos de agua de unos 500.000 litros cada uno. Estaba en el programa del gobierno.

Sin embargo, existía cierta desconfianza respecto al modelo de depósito que se había propuesto, debido a la dificultad de su construcción. Proyectado originalmente en Alemania y con unos 40 m de altura, se trataba de un depósito cilíndrico de 500.000 litros de capacidad con unos apoyos inclinados de hormigón que no parecía tener una forma adecuada. El Departamento de Obras y Proyectos ya tenía las plantas del depósito y la licencia para su construcción, pero no estaban convencidos de que aquélla fuese la mejor solución al problema. Fue entonces cuando me llamaron para hablar sobre el tema.

[14] Roberto Costa Abreu Sodré (1918-1999), abogado y político, gobernador del estado de São Paulo (1967-1971) y ministro de Asuntos Exteriores de Brasil bajo el mandato de José Sarney (1986-1990).

[15] Lucas Nogueira Garcez (1913-1982) fue gobernador del estado de São Paulo (1951-1955), profesor de la cátedra de Hidráulica de la Escuela Politécnica y responsable de la ejecución de numerosas presas y plantas hidroeléctricas en el mencionado estado.

Entonces te das cuenta de lo que significa la movilización entre las personas, y ese pequeño relato no contiene noticias fútiles, sino que es ahí donde comienza a resolverse el problema.

Me acordé de un compañero de instituto que se llamaba Eduardo Henrique Bertoli. Sabía que había estudiado ingeniería y que tenía una constructora muy importante. Se decía que esa constructora había conseguido un concurso enorme del Gobierno Federal para construir silos en los puertos y también para las plantaciones. En la década de 1960 en Brasil se estaba empezando a plantar trigo —pues antes se compraba a Argentina— y, sobre todo, soja. Surgió la necesidad de construir silos muy rápidamente, unos silos de hormigón con encofrados deslizantes. Llamé a ese amigo, quedé para comer con él, y le expuse mi idea de construir los depósitos con encofrados deslizantes.

El encofrado deslizante se apoya en gatos hidráulicos que se deslizan verticalmente a lo largo del perímetro de la estructura. La forma de construir los silos era muy interesante: un encofrado doble, con dos anillos de acero pulido uno dentro del otro, y una grúa situada a 3 m de la estructura que tira hacia arriba de dicha estructura cuando el hormigón ya está fraguado, de manera que así se construyen los siguientes anillos, desde la cimentación hasta la parte superior. En cuatro o cinco días la torre está lista. Existían, sin embargo, un par de inconvenientes: que se trataba de un sistema de construcción muy caro por el alto coste de

Depósito elevado de agua, Urânia (Estado de São Paulo), Brasil, 1968.
Bocetos hechos durante el taller

los encofrados de acero y que la medida patrón de éstos era de sólo 5 m de diámetro. En el caso del depósito de agua, como era necesario almacenar 500.000 litros, el edificio tendría una altura de columna de agua muy grande y no acababa de quedar bien.

A pesar de todo seguía pensando que el encofrado cilíndrico era muy interesante, pero que no era necesario hacer sólo uno. Me acordé entonces de cosas que se aprenden en el instituto: la paradoja hidrostática.[16]

En París existe una máquina de bronce que prueba el fenómeno físico. Voy a describir la máquina, porque es muy interesante: se trata de un cilindro que tiene una clavija en la punta para conectar la manguera de agua y al otro lado una llave para el vaciado. A ese cilindro se conectan uno, dos, tres, cuatro tubos de salida, unidos a varios tipos de globos de vidrio en forma de serpentina, de cono, de cilindro, etc. Cuando se introduce agua por la manguera, el nivel del agua resultante en los globos de vidrio es siempre el mismo. Este fenómeno se explica gracias a la paradoja hidrostática.

[16] Paradoja hidrostática: las fuerzas de presión de un líquido homogéneo que actúan sobre los fondos de igual superficie de recipientes de formas diferentes tienen la misma intensidad. Ese principio forma parte de las definiciones que explican el fenómeno de los vasos comunicantes; conjunto de vasos comunicados entre sí de tal forma que el líquido colocado en uno de ellos se distribuye de igual manera en todos los demás.

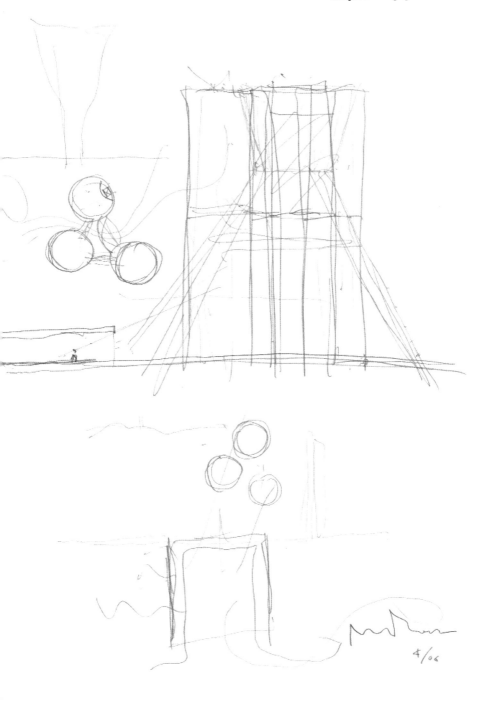

Con todo esto en mente, pensé en la posibilidad de construir cuantos cilindros fuesen necesarios hasta alcanzar los 500.000 litros y colocar en cada torre el máximo de agua que soportase, conectando los depósitos por el principio de los vasos comunicantes. Es posible crear un grupo de depósitos que pueden construirse en diez, quince días. ¡Un proyecto hermoso!

Primero tengo que comprobar el tamaño de la columna de agua necesaria, y después doy el valor arquitectónico a la asociación de los cilindros. El diámetro de las columnas puede incluso variar un poco, no mucho, pues debe acercarse a los 5 m.

En el caso de la ciudad de Urânia, según el cálculo conseguiría hacer el depósito con tres cilindros, lo que está bien; si fuesen diez cilindros quedaría un poco exagerado. A partir de esa hipótesis puedo imaginar la visión escenográfica, arquitectónica, que tendrá el conjunto, y a medida que lo rodeo veo los cambios de la luz, las sombras...

Observen ahora lo interesante que resulta esa idea de fructificación de virtudes: hasta ahora tenemos tres cilindros de agua; voy a necesitar agua para incendios, para el riego de jardines y agua potable, por tanto, puedo diferenciar las calidades del agua, cada una en un depósito. Consigo utilizar el agua como quiero. También es fantástico para limpiar los depósitos, porque vacío uno y cierro los otros.

En uno de los cilindros hice lo siguiente: en una cavidad in-
terna en zona seca coloqué un pequeño ascensor de servicio de
80 × 80 cm para llevar a cabo el mantenimiento. En los depósitos
de agua convencionales se realiza mediante una escalera, con
las herramientas en la boca, como Tarzán; un desastre. Aquí no;
el ascensor sale de la cubierta para realizar la comprobación de
las conexiones, de las boyas de nivel, etc. Se crean dos conexiones entre los cilindros, una encima y otra debajo, y con ello surge
un nuevo tipo de figura. No pensé en crear un mirador público
dado el reducido tamaño del ascensor. Todo esto se lo llevé al
ingeniero Julio Cerqueira César[17] para que realizase los cálculos
y poder seguir con mi idea.

Pensando ya en el paisaje de la ciudad, como nadie coloca un
depósito de agua con esos tubos de 40 m de altura en la parte
más baja del relieve —al contrario, el depósito de agua se coloca
en los puntos más elevados—, pensé en crear un recinto que el
público pudiese visitar; podía ser algo muy sencillo.

Pensé en construir un edificio a cierta distancia del depósito,
con un techo bajo, de modo que el observador que se encontra-
se dentro no vería las torres en toda su dimensión, pero sí una

---

[17]   Julio Cerqueira César Neto es ingeniero, presidente de la Fundação Agência de
Bacia do Alto Tietê, ex director del DAEE (Departamento de Águas e Energia Elétrica),
ex profesor de Hidráulica y Saneamiento de la Escuela Politécnica, y ex presidente de
la Associação Brasileira de Engenharia Sanitária e Ambiental.

parte de ellas. Por otro lado, se encontraban sorprendentemente cerca, iluminadas de forma específica, recordando que el hormigón es liso, casi perfecto, y gracias al material y las formas se reflejaría esa luz capaz de producir nuevas imágenes. Uniendo esos elementos acabo por crear una situación que puede resultar fantástica.

De este modo, el observador sólo verá toda la torre cuando salga del edificio, un edificio de 40 × 40 m en planta, con un suelo como el de la universidad que, en lugar de estar rodeado por un jardín, estaría rodeado por agua en tres de sus lados, y este espejo de agua se extendería hasta las torres, cubriendo los tanques y los equipos de funcionamiento del depósito de agua. Todo quedaría envuelto por el agua, incluso la estructura. Uniéndolo todo, proyecté un paseo con una forma libre que se ensancha o se estrecha oportunamente; en uno de los extremos podemos construir un pequeño teatro al aire libre.

Por tanto, uno puede preguntarse por qué proyecté un edifico bajo con una planta de 40 × 40 m para ver las torres. No lo hice sólo para que pudiera verse la torre, sino que este edificio con una superficie de 2.000 m² se presta a innumerables actividades de la propia ciudad, como encuentros intermunicipales de alcaldes, una fiesta de Noche Vieja, una actuación de Roberto Carlos, bodas, etc., todo lo que uno quiera imaginar. ¿En qué lugar puede hacerse algo así?

Bien, la maqueta de este depósito es muy sencilla. Una car-
tulina doblada es el edificio público, sólo que está a escala de lo
que se pretende hacer, y los depósitos son de papel sulfurizado
enrollado con cinta adhesiva. Sólo hay una cosa un poco capri-
chosa y curiosa; tenía una hoja de vidrio en el despacho y coloqué esos volúmenes encima, y sobre el vidrio coloqué un papel
negro y recorté el pequeño camino; el resto quedó como si fuese
un espejo de agua, negro.

No se trata de hacer pequeños dobleces y con ello encontrar
la solución al problema, no es nada de eso. Incluso lo que mostré
a los ingenieros fueron las fotos de la maqueta pegadas en un
cuaderno.

La maqueta, muy sencilla, materializa algo que uno quiere ver.
El diámetro exacto, la altura exacta, a escala humana. Uno consigue convertirse en un personaje; te arrodillas en el suelo para
ver dentro de la maqueta. ¡Es muy bonito! Cierra la ventana, espera a la noche, quita la pantalla de la lámpara de mesa y coloca
cerca la maqueta; entonces, observa los efectos de la luz en el
cilindro hasta quedar inmerso en aquel espacio. Es emocionante
transformar la confección de un simple depósito de agua en un
evento para toda la ciudad.

Para eso tenemos que estudiar, que saber leer los dibujos,
no el de una puerta o ventana del edificio, sino los dibujos de la
disposición del territorio, del conocimiento y de la memoria.

Conclusión

Hemos visto que nuestras perspectivas se amplían a medida que empleamos nuestro conocimiento del pasado, nuestras distintas herencias y la memoria para componer, organizar y decidir qué hacer en el proyecto, proyectar más allá, con una visión de futuro, proyectar nuestros deseos y aspiraciones a partir del presente.

Los filósofos dicen que, a pesar de saber que nacemos para morir, tenemos una aspiración respecto al futuro, porque al final no nacemos para morir, sino para continuar.

Por tanto, lo que uno transmite es un discurso, una lección, se quiera o no. La arquitectura sólo puede ser así, enfocada a la dimensión de nuestra permanencia en el universo. Por ello estas pequeñas maquetas tienen un sentido muy importante, el contener esa sabiduría. Tienen un "sabor" extraordinario —ésa es la palabra justa— porque prescinden de una escenografía: un árbol, un volumen, un coche, un verdadero logro. Lo que queremos aquí es la maqueta limpia, desnuda, cruda. Aquella que uno hace solo, como quien toma nota de las cosas pensadas. En la confección de esas maquetas uno ve el tamaño de las cosas, su proporción, ve las transparencias. Enseguida se imagina el jardín, hasta cada uno de aquellos guaiambés de la plaza de la universidad.

La arquitectura es siempre un discurso sobre ese tipo de conocimiento. Sabemos lo que vamos a hacer. Porque, aun en el caso de que no lo supiésemos, ¿quién lo sabría? ¿Los búlgaros? ¿Los americanos? ¿Quién lleva a cabo las acciones?

Somos nosotros.

Ustedes me han ofrecido una oportunidad muy agradable para decir todo esto aquí y creo que ya podemos terminar. ¿Qué hora es?

Una conversación con Paulo Mendes da Rocha

Guiherme Wisnik y Martín Corullón

Que en 2006 te concedieran el Premio Pritzker ha sido
un acontecimiento extraordinario para la arquitectura
brasileña. ¿Qué consecuencias crees que puede tener
este hecho para la producción futura de Brasil?

Lo que me parece interesante de que se valore toda esta
obra, como indica e ilustra el premio, es que acaba recuperando
algo que se encontraba muy amenazado: la importancia de los
estudios de arquitectura en el ámbito de la universidad. Sí, porque la arquitectura es una actividad que lidia con la mecánica
del suelo, la ingeniería, la filosofía y la antropología, y reflexiona
sobre los anhelos de la gente para elegir las formas y las relaciones espaciales de aquello que se construirá en el futuro, en un
sentido público, democrático, libre, esclarecedor y positivo. No
me refiero a la idea pragmática de la arquitectura como una carre-
ra práctica para atender al mercado, sino, al contrario, como una
forma peculiar de conocimiento —multidisciplinar y englobado-
ra— que pasa a ser altamente estimulante para la universidad.
La escuela de arquitectura es la madre, la matriz del discurso del
conocimiento. Constituye el lugar donde el ser humano configura
cosas objetivas, materiales y construidas, y donde se demuestra
a sí mismo cómo se disfruta del propio saber.

En el acta del Premio Pritzker, el jurado resaltó el hecho de que tu obra representa un contrapunto respecto a las formas "histriónicas" creadas por buena parte
de los protagonistas de la arquitectura internacional.
¿Estás de acuerdo?

No tengo ninguna vocación de héroe y no saldría —como hizo
Charles Chaplin— con una banderita sin saber lo que hay detrás.
Sin embargo, la idea no consiste en establecer un antagonismo
definitivo con quien sea, sino en una forma de autoafirmación:
presten atención también a eso. Por tanto, lo que creo importante es decir que no puedo haber sacado de la nada lo que he
hecho. En São Paulo tenemos una escuela de arquitectura mara-
villosa; tenemos el deber de prestarle atención y no permitir que
la enseñanza se deteriore. Desde hace mucho tiempo São Paulo
y Río de Janeiro constituyen un dúo extraordinario en el ámbito
de la enseñanza de la arquitectura. Es corriente, incluso, hablar
de cierto antagonismo o rivalidad entre ambas escuelas, rivalidad
con la que estoy en desacuerdo pues creo que una no podría
existir sin la otra. Por tanto, en mi opinión la herencia politécnica
de São Paulo, por un lado, y la de bellas artes de Río de Janeiro,
por el otro, constituyen los símbolos de la genealogía del pensamiento del arquitecto: la técnica y el arte. Sin embargo, lo que
me parece interesante apuntar es la complementariedad que se
produce en São Paulo entre la Escuela Politécnica y la Facultad

de Filosofía, Ciencias y Letras. La escuela de arquitectura de São Paulo se fundó con esa visión de consistencia en la técnica, en la ingeniería, pero con la criba crítica engendrada por el pensamiento también inaugural de la Facultad de Filosofía. Digamos que, a partir de ahí, los dos diamantes que aparecerían en una batea al sol serían Flávio Motta y João Vilanova Artigas. Fue en ese contexto cuando comenzamos juntos a pensar en la cuestión de la arquitectura en São Paulo.

También según el mismo jurado del Premio Pritzker, tu obra otorga expresividad a ciertas restricciones constructivas del país, ciertas limitaciones técnicas con alusión, quizás, a un carácter local. ¿Qué piensas?

En absoluto veo ninguna idea de restricción fruto de nuestro medio. Alguien que, como nosotros, ha construido Urubupungá,[1] por ejemplo, sabe perfectamente que no tenemos ninguna limitación técnica. Si fueses una hormiga estarías oyendo el ruido de la máquina que está excavando el metro de São Paulo aquí debajo. El llamado "gran armadillo" es una máquina que excava

---

[1] Urubupungá es una zona situada al noroeste del estado de São Paulo, conocida por su enorme complejo de fábricas hidroeléctricas de Isla Solteira, Jupiá y Três Irmãos, que juntas tienen una capacidad de generación de 5,86 MVA de energía eléctrica [N. del Ed.].

el túnel del metro entre los cimientos de los edificios al tiempo que produce una pasta —que es el propio túnel de hormigón armado— que es algo fantástico. En una ocasión unos estudiantes de la escuela de arquitectura de São Paulo hicieron un proyecto imaginando que con esa máquina se podría hacer un hermoso museo subterráneo, con unas torres de subida en algunos edificios existentes. En otras palabras, podría decirse que se trata de una ciudad que ya puede verse en sus subterráneos. En consecuencia, no existe ninguna restricción técnica. Tengo la impresión de que en el caso al que os referís se quiso decir que en el mundo existe actualmente un empleo exagerado de tecnologías sofisticadas para obtener elementos exteriores decorativos; su rechazo es algo loable. La arquitectura no se construye para ser "histriónica", como sostienen algunos. A una ciudad que requiere tantos artefactos urgentes —como "una casa para cada uno", escuelas, transportes— no le interesa que se coloquen esas guindas del pastel sobre sus desastres. Es algo estúpido. Creo que es en ese sentido en el que el jurado del Premio Pritzker elogiaba la aplicación estricta de los recursos indispensables, como quien crea la obra partiendo más del programa que de la forma. Una escuela, un hospital, una estación de metro, un museo y una biblioteca son programas que no exigen nada excepcional desde el punto de vista técnico. Al contrario, poder mostrar su sencillez es una virtud.

A la hora de considerar la relación entre São Paulo y Río
desde el punto de vista de las contribuciones mutuas
y no del antagonismo, ¿a quiénes destacarías como
referencias más importantes? ¿A Vilanova Artigas y a
Oscar Niemeyer?

Es indiscutible, inevitable. Tal vez sea una condena, en el sentido que afirma Harold Bloom, que no puede evitarse si no es
sufriendo lo que él llama "angustia de las influencias" en sentido creativo.[2] Pero desde mi punto de vista sería mejor decir lo
siguiente: creo que siempre admiré la fuerza de Affonso Eduardo
Reidy, Roberto Burle Marx, Oscar Niemeyer y Vilanova Artigas,
pero sin olvidar, naturalmente, mis recuerdos de infancia, el viento impetuoso, el agua, las cuencas de los ríos Prata y Amazonas,
8.000 km de costa, barcos, etc. Esa conciencia y la felicidad de
poder convivir con árabes, negros, españoles, portugueses, ho-
landeses, etc. Con todo lo bueno que tenemos, Brasil es un país
con profundas y amargas contracciones, aunque muy creativas
y fecundas. ¿Qué sería de Estados Unidos sin la música de los
negros? Claro que no puede afirmarse que la esclavitud haya sido
algo bueno, pero dada la condición inexorable de lo que ya hemos

---

[2]   Véase Bloom, Harold, *The anxiety of influence: A history of poetry*, Oxford University
Press, Oxford, 1973 (versión castellana: *La angustia de las influencias*, Monte Ávila
Editores, Caracas, 1991[2]) [N. del Ed.].

vivido, tenemos que pensar en el futuro. Entonces se siente una gran felicidad al saberse fruto de todo ello. Mi abuelo paterno era de Bahía, mi abuelo materno italiano, yo nací en Vitória do Espíritu Santo, viví en la isla de Paquetá, en casa de mi otro abuelo, y después en una pensión en la Avenida Paulista; qué contradicciones. La pensión se encontraba en los primeros treinta metros del cruce entre las avenidas Paulista y Brigadeiro Luís Antônio, y en la década de 1930 estaba llena de gente que había huido de la Guerra Civil española; hace mucho tiempo que el mundo sufre esos movimientos de personas. Por entonces una pobre familia de refugiados tenía alquilado uno de aquellos caserones y subarrendaba habitaciones, y es ahí donde se instaló mi padre en el tercer o cuarto capítulo de su difícil vida, que comenzó en plena crisis de 1929. Yo nací en 1928, vine al mundo en plena crisis y después viví los golpes de Estado, las revoluciones (1932 en São Paulo), la II Guerra Mundial, la bomba atómica, pero también viví el viaje del hombre al espacio. Aquello que nos animaba eran los grandes acontecimientos del siglo xx, como afirma Eric Hobsbawm; un siglo terrible, violento, pero, sin embargo, el siglo de la Revolución Rusa y de una dilucidación fundamental en las transformaciones del trabajo; todavía hoy vivimos todo eso. Las dificultades actuales que tienen Brasil o São Paulo, también las tienen Madrid, París, Londres y Lisboa, ciudades donde viven negros, indios, argelinos, marroquíes, gente de Sumatra, de Borneo. Es decir, en el sentido de la construcción de una nueva visión de nosotros mismos, lo que estamos viviendo es una revisión del pasado colonial, del imperialismo colonial.

¿Existe una transición entre esos recuerdos personales, esa visión de la realidad presente y el proyecto arquitectónico?

Mucha gente puede pensar que esas cuestiones se encuentran fuera o son ajenas a la arquitectura, ¡pero no es así! Son anteriores, son cuestiones fundacionales para la arquitectura. Cualquier construcción que uno contemple y que conmueva de algún modo debe contener todo esto no de forma explícita, sino de forma un tanto inefable, lírica, ¿no es cierto?

Un escritor siempre se preocupa por la seducción; es decir, por el hecho de que quien lea el primer párrafo de su libro no deje de leer el segundo, pues para decir lo que quiere decir necesita que se lea del todo, hasta el final. En la construcción sucede lo mismo. ¿Cómo voy a conseguir que el sujeto pueda llegar hasta el final sabiendo lo que quise decir? Por tanto, puede considerarse que para la literatura las palabras son como piedras de catedrales; también es una construcción.

Por otro lado, la arquitectura es un discurso, un lenguaje que se cristaliza.

Sí, y esto sirve pensando en la ciudad en su conjunto. Sólo fue posible construirla porque ya existía completa en la mente del hombre. Nadie puede engendrar algo que no ha pensado antes. Por ejemplo, la bordadora conoce la técnica del bordado, pero también conoce la flor que va a bordar antes de que el bordado esté terminado. Para nosotros también es así, la arquitectura puede construirse poco a poco, pero nunca el razonamiento.

Pensando en la larga tradición de la arquitectura brasileña desde la década de 1930, que vuelve a aparecer ahora para el mundo debido a los premios recientes, ¿en qué medida crees que tu obra puede considerarse "brasileña"?

Tal vez sea mejor decir que no hay, ni debería haber, una "arquitectura brasileña". Para mí no tiene mucho sentido defender un carácter nacional. Sin embargo, lo que saludablemente sí puede imaginarse uno es que existe algo de peculiar en la experiencia de América. El colonialismo produjo horrores porque no supo (ni pretendió) leer la experiencia de los nativos. Especialmente ahora que tanto se habla de naturaleza, la choza de los indígenas yanomami constituye un ejemplo de excelencia constructiva:

con maderas tensadas y un hueco circular en el centro para el fuego, para que puedan hacerse hogueras. Ese fuego colectivo, esta choza es una plaza interior de tensores de sarmientos y madera clavada en el suelo, una maravilla constructiva. Además, resulta evidente la comprensión que los indios tenían del color... Cuando el erudito dice, por ejemplo, que durante el *trecento* o en el *quattrocento* Florencia representaba la forma y Venecia el color, ¿qué podría decir respecto a nuestros indios? Una cultura maravillosamente humana, interesantísima, y que fue masacrada; por no hablar de los negros, que también fueron masacrados por la esclavitud. Hoy todo eso debe tenerse en cuenta, y sin duda la arquitectura participará de esa reflexión de una forma un tanto lírica y poética.

Pondré el ejemplo de algo que he venido afirmando recientemente: Brasilia es una ciudad muy africana, hasta tal punto que es capaz de haber influido en un artista como Bruno Giorgi, quien realizó *Los guerreros* para la Praça dos Três Poderes, unos guerreros que no son robustos, sino espigados. Pero tampoco se trata de las estilizadas esculturas de Alberto Giacometti, sino que son figuras de los Exu,[3] algo netamente africano. También

---

[3] Los Exu, que en lengua yorubá significa "esfera", son espíritus descarnados de las culturas yorubá, bantú y oyó; unas culturas de origen africano que, tras la diáspora del mercado de esclavos, se instalaron en Brasil, Uruguay y Argentina. Se trata de espíritus que prestan servicios tanto en el plano astral como material y que, en el primero, hacen las veces de policías, pues atrapan a las almas perdidas y las llevan al lugar que les corresponde [N. del Ed.].

es algo que está presente en los edificios y las formas de Oscar Niemeyer. Cuando se opera así, movido por el encantamiento de nuestra propia existencia, siempre se está alimentando la imaginación ajena para el futuro, no para que pase a ser algo propio y hermético, sino para ser generosamente colectivo.

Has hablado de una arquitectura hecha para el programa más que para la forma. En tu obra se podrían incluir innumerables ejemplos que describen ese procedimiento, como el plan director del campus de la Universidade de Vigo (2004-2007) o la reforma del Museu Nacional de Belas Artes de Río de Janeiro (2005), ¿no es cierto?

Buena referencia. La torre para el Museu de Belas Artes es un artefacto nuevo, como un ordenador o un aparato de aire acondicionado que alguien quiere comprar. Al museo le gustaría contar hoy con climatización, ambientes especiales para albergar el depósito de obras, las salas de restauración, etc. Desde el punto de vista histórico, lo que debería hacerse ante todo es no tocarlo y restaurarlo totalmente y, en la medida de lo posible, destinarlo a cierto vacío funcionalista para que todo tuviera un brillo propio, dejando que un edificio nuevo anexo aloje todos los artilugios y dispositivos técnicos. Nuestro proyecto, en el fondo, es justamente eso, un anexo, sólo que el terreno ideal en este

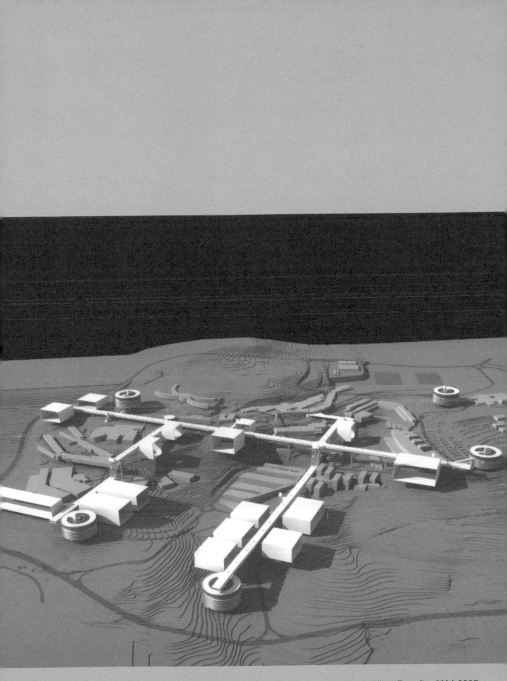

Plan director del campus de la Universidade de Vigo, España, 2004-2007

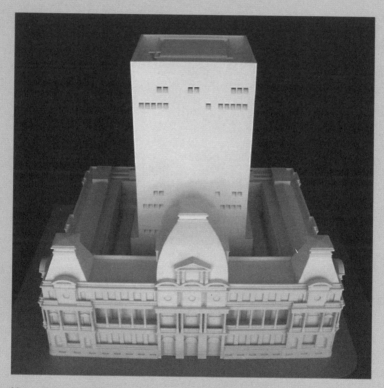

Museu Nacional de Belas Artes, Río de Janeiro, Brasil, 2005

caso es el patio central del museo vaciado de todos los elementos provisionales que fueron construyéndose allí con el paso del tiempo. A pesar de que el metro pasa cerca de allí, excavar el subsuelo no es algo muy recomendable en el centro de Río de Janeiro, ya que el nivel freático está cerca de la superficie. Por ello se ideó una torre intrigante que aparece dentro del palacio, más o menos como el Teatro del Mondo de Aldo Rossi, una torre que no se sabe a ciencia cierta dónde está, una especie de figura fantasmagórica, sorprendente, pero no del todo extraña. En el caso del teatro de Aldo Rossi es como si el *campanile* de San Marcos se diese un paseo por los canales; en el caso del museo de Río de Janeiro está completamente rodeado por torres altas, de modo que la aparición en ese lugar de una caja de acero vertical —un museo que sostiene a otro— es absolutamente factible. Una torre preferentemente anodina, sin ningún carácter arquitectónico más allá de su propia presencia monumental en tanto que torre, equipada inevitablemente con ascensores mecánicos y máquinas capaces de ayudar a montar exposiciones, que conecta las pinacotecas con los depósitos. De ese modo es posible construir, por ejemplo, varias alturas regulares de tres metros de altura y una excepcional de diez metros para los depósitos. En las fachadas se han colocado unos huecos pequeños muy discretos para las salas de trabajo de los investigadores, como quien hace una distribución gráfica del programa para que la ciudad lo perciba.

Has citado el efecto coreográfico de la arquitectura de Aldo Rossi. Ese entusiasmo por algo considerado posmoderno es poco frecuente entre los denominados arquitectos "modernos" brasileños. ¿Qué balance haces de los años de revisión posmoderna en la arquitectura y qué significado tuvo como estímulo para tu producción?

Una de las grandes virtudes de acontecimientos como el Premio Pritzker es hacer que la crítica hable de este tipo de temas, pues una de las maneras de neutralizar la obra de cualquier autor es pedirle que hable mucho sobre sí mismo. Me da la sensación de que si Pablo Picasso hubiera sido una persona pedante al hablar o escribir ya nadie se interesaría por su obra. En realidad, sólo es interesante porque todo lo que quería decir estaba allí, en sus cuadros, sus dibujos y sus esculturas. Tiene que estar ahí colgado —por ejemplo, ese cuadro con una mujer que llora piedras de cristal— para que la gente pueda entenderlo bien. Voy a decir algo que nunca he visto comentado de una manera explícita. Podría considerarse *Las señoritas de Aviñón* (1907) como el comienzo de un movimiento de conciencia sobre lo femenino, pues, evidentemente, aquello es un burdel, una "casa de tolerancia". Hasta entonces Francia veía a la mujer como aparece en *El almuerzo sobre la hierba* (1863), con unos cretinos vestidos con frac, una cesta de mimbre de la India, champán, paté de *foie gras*, una mujer desnuda sentada en la hierba..., una visión bastante estúpida de la mujer, a pesar de la belleza de la obra. Picasso dio la réplica y pintó a aquellas mujeres con una máscara de la fecundidad, como un ritual africano que colocaba la fecundidad, a la mujer, a lo femenino, en otro nivel, en un nivel más elevado, como algo mágico.

Algunos artistas también actúan sobre el "programa".

Fijaos en que el *Guernica* (1937) de Picasso, del que tanto se ha comentado, un cuadro que expresa la indignación ante la guerra, ante la destrucción —con la mujer con el niño destrozado por la explosión, el caballo con la barriga reventada, etc.—, tiene algo de lo que nadie habla. En el cuadro aparece una bombilla, como queriendo decir que entre otras maldades, también han destruido la luz eléctrica, algo que ya tenía el pequeño pueblo de Guernica. En el fondo, éste es el gran crimen del fascismo. El gran horror estampado en el *Guernica* de Picasso es la destrucción de la bombilla, porque en una cabaña oscura, de noche, cuando un niño llora la madre no sabe si tiene hambre o si se lo está comiendo una cobra, un oso, o algo peor. Hoy, sin embargo, se puede encender la luz, abrir un frigorífico, coger un biberón, ponerlo al baño maría, etc. La vida cambia, y aquellos desgraciados estaban bombardeando la luz eléctrica.

La lámpara es una metonimia de la ciudad.

La ciudad no tiene nada que ver con la naturaleza; es el proyecto supremo del ser humano en el planeta. A propósito, hay una hermosa historia de un astronauta que me contaron el otro día. Todo el mundo sabe que cuando Yuri Gagarin miró hacia abajo y vio por primera vez el planeta flotando en el espacio dijo: "La Tierra es azul". Pues bien, hace poco, otro astronauta que ya había viajado al espacio en la década de 1970, volvió para viajar en cierta órbita. Se sabía que en un determinado momento pasaría sobre Canberra cuando ésta se encontraba en la parte oscura del globo, de modo que le prepararon un homenaje: toda la ciudad encendió organizadamente las luces a la vez, los coches en las calles encendieron sus faros, etc. A lo que él reaccionó conmovido, diciendo: "Ahora la Tierra tiene luz propia". ¿No es maravilloso?

Muchos de tus proyectos recientes implican la construcción de vías elevadas que, al mismo tiempo, articulan los edificios, funcionan como soportes de la infraestructura y dejan el terreno intacto. Podemos decir que la relación entre el territorio y el edificio es fundamental en tu obra y recordar proyectos anteriores —como el Museu Brasileiro da Escultura (MuBE) en São Paulo

(1988) y el pabellón de Brasil en la Exposición Universal de Osaka de 1970— donde, por el contrario, construyes el terreno. ¿Se ha producido un cambio de paradigma?

Ese tipo de especulación resulta muy intrigante. Hay que admitir que no existe una explicación lineal para esa cuestión, sólo la posibilidad de que especulemos sobre el tema. En cierto sentido, la construcción de esos recintos en el aire es una manera de reservar el suelo para otro tipo de actividad. Por ejemplo, imaginemos los laboratorios de física o de zoología de una universidad, con básculas de precisión, algunos ordenadores de última generación, aire acondicionado, climatización, etc. Si comparamos esa multitud de espacios y recintos especializados con la ciudad, encontraremos de inmediato la memoria de los espacios libres, hechos de caminos peatonales, donde todo el mundo acaba por encontrarse de modo agradable, tal como ocurre en las calles o en las estaciones de metro. Evocan cierta imaginación literaria, pues se trata de los lugares de paseo tradicionales: del hombre que sale a pasear por pequeños caminos, por las veredas, del agricultor que se mueve por entre los matorrales, pero también de los hombres que conocen los caminos de la ciudad porque conviven doméstica y diariamente con ellos al frecuentar bares, cafés, etc. Por tanto, ese suelo que se transita a pie, articulado por pequeños recintos e incluso construcciones mayores, surge

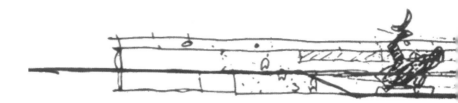

Museu Brasileiro da Escultura (MuBE), São Paulo, Brasil, 1988

como una virtud inexorable cuando la topografía resulta bastante discutible. Antes era necesario hacer penosas obras de drenaje y de saneamiento. La ciudad brasileña de Santos es un buen ejemplo; sin embargo, actualmente la entrada que conecta Santos con la meseta, realizada por Figueiredo Ferraz, ya no es aquel camino penoso, sino una secuencia de tres túneles y cuatro viaductos. Así pues, ¿qué otro Santos sería posible actualmente, admitiendo que el puerto define esa zona como una opción preferente? ¿No sería mejor dejar todo aquello intacto: los cangrejos, las marismas, toda la riqueza biológica del mar, los manglares y el agua dulce del continente? ¿Acaso no podría abordarse esa cuestión mediante vías elevadas y edificios verticales que apenas toquen el suelo? ¿Cómo construiríamos la ciudad costera de Cubatão cercana a Santos si fuese inevitable construir algo allí? Tal vez todo sería absolutamente artificial, en lugar de hacer como los niños que construyen un castillo en la playa amontonando un poco de arena por aquí, creando un pequeño muro de contención allá. La experiencia demuestra que así no se llega a ninguna parte, que todo se desmorona. El Museu Brasileiro da Escultura (MuBE)

Museu Brasileiro da Escultura (MuBE), São Paulo, Brasil, 1988.
Interior de la sala

es otra cosa. Querían construir un jardín en el museo para exponer las esculturas. Aparentemente podía hacer una construcción suspendida, y no necesitaba tener esa viga como un símbolo, como, por ejemplo, en el Museu de Arte de São Paulo (MASP).[4] ¿Pero pueden exponerse esculturas en un edificio elevado? Sería como en esas mudanzas extravagantes en las que hay que entrar el sofá desde el exterior del edificio y uno ve cómo pasa por delante de la ventana. En el caso de un museo fundamentalmente de esculturas, un tanto cargado de simbolismo, y por razones de memoria, creí que sería mejor evocar la caverna, o algo parecido. Pero no puedo hacer ninguna recomendación ni elaborar teorías sobre el tema: no tocar el suelo nunca fue una cuestión estilística. Se trata de que, de repente, el suelo empieza a adquirir un valor mucho mayor del que anteriormente se le atribuía. La disposición del territorio *in natura* puede significar mucho actualmente. Sólo la costa, con su gran diversidad biológica, posee una fertilidad increíble y uno destruye todo eso con las famosas obras de murallas y nivelaciones... aunque tampoco puedo afirmar que siempre vaya a adoptar esta o aquella solución. Por ejemplo, en

---

[4] El Museu de Arte de São Paulo (MASP), construido por Lina Bo Bardi en 1957-1968, es un museo situado en la Avenida Paulista, en el centro de la ciudad, y que exhibe una enorme viga puente que aloja las salas principales [N. del Ed.].

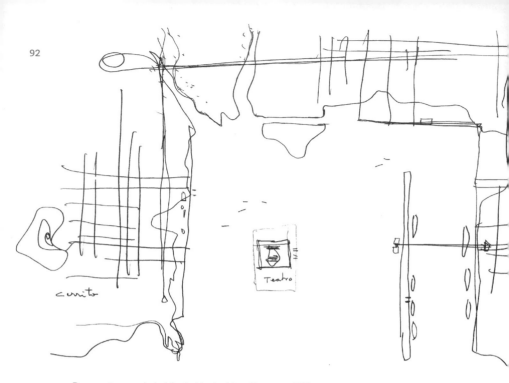

Propuesta para la bahía de Montevideo, Uruguay, 1998

el proyecto para la bahía de Montevideo (1998) se reconfiguró el frente marítimo de dos kilómetros de diámetro como una plaza cuadrada de agua. Desdoblándome podría preguntarme a mí mismo ahora: ¿no sería mejor dejar toda aquella laguna *in natura*, con sus delicados arroyos, y colocar algunos edificios dentro del agua, de modo que sólo se pudiera acceder a ellos a través de puentes? Tal vez, pero no se pueden hacer hipótesis tan abstractas. La ciudad de Montevideo, al igual que la de Santos, ya existe, y no debemos pasar las máquinas por encima de la historia. Sin embargo, el campus de la Universidade de Vigo se está construyendo; allí asumimos el compromiso de ocupar la cota 460 m, aquella más natural, y agotarla construyendo un paseo en ese nivel. Por tanto, me da la impresión de que nunca se establecerá ese tipo de paradigma definitivo para la arquitectura, pues su interés reside justamente en la movilización de la totalidad del conocimiento, ya sea desde el punto de vista de la especulación filosófica, o bien del examen de los recursos técnicos y tecnológicos para llegar a decir al final: "Creo que ahora haría esto".

¿Cuáles han sido las lecturas que más te han influido o que más han estimulado una reflexión sobre la ciudad?

Si uno se propone mantenerse un poco apartado, acaba viéndolo todo como si fuese un águila o una gaviota. Creo que he leído muy poco, pero, por citar algo, recuerdo ahora los bellísimos relatos de Walter Benjamin sobre el extraordinario viaje que hizo a Moscú en la década de 1920, si no me equivoco, relatos en los que afirma: "Moscú no se parece a sí misma en ninguna parte más que en su periferia".[5] Se trata de una reflexión crítica muy profunda. ¿Qué quiere decir "a sí misma"? Todos esos palacios y cúpulas…, ¿acaso eso no era Moscú? Moscú es el pueblo y, sin embargo, poco a poco la ciudad va pareciéndose a la periferia. Eso sucede también en São Paulo. No digo esto como una crítica amarga, sino, al contrario, como un estímulo total. El centro de São Paulo que quieren revitalizar jamás volverá a ser lo que

---

[5] Benjamin, Walter, *Moskauer Taschenbuch*, Suhrkamp, Fráncfort, 1980 (versión castellana: *Diario de Moscú*, Taurus, Madrid, 1988) [N. del Ed.].

era, sino que se convertirá en la nueva capital de la periferia. Es algo muy dinámico y ofrecerá la posibilidad de que se produzca efectivamente una revitalización, un renacer de la monumentalidad de esta zona. En la región de Luz, por ejemplo, los pequeños hoteles junto a la estación representaban la expansión del comercio a través del ferrocarril. Nunca deberían haberse destruido, ni transformado excesivamente, porque incluso hoy se necesitan hoteles baratos. La degeneración del centro de São Paulo fue meticulosamente planeada; cuando quiere revitalizarse un área, enseguida le dan un nombre despectivo, como en este caso Cracolândia,[6] una forma de estigmatizar los lugares. Esa reflexión de Benjamin se parece a una historia que me contaron unos colegas argentinos hace dos o tres años a propósito de una visita de André Malraux a Buenos Aires. Después de haber visitado el teatro Colón, la plaza de Mayo y todos los monumentos arquitectónicos importantes de la ciudad, comentó: "Muy interesante, Buenos Aires me parece la capital de un país imaginario". Es decir, se construye un escenario determinado para algo que va a representarse como ciudad, como nación y como república, pero los escenarios casi nunca se ajustan a los personajes. De ahí que la sugerencia de Benjamin resulte tan adecuada, pues no

---

[6] Cracôlandia (ciudad del crack) es el nombre por el que se conoce la zona del centro histórico de São Paulo, en referencia al consumo y tráfico de drogas que, desde hace tiempo, tienen lugar allí [N. de la T.].

se trata sólo de una cuestión visual, de que el centro se parezca a la periferia. Es como si no pudiésemos evitar constatar que el futuro siempre surge a partir de los hábitos de la cultura popular; es decir, todas las ciudades serán eminentemente populares; se construirán para todos.

¿No hay en esa sugerencia retomada en este momento una crítica subliminal al urbanismo moderno, a esa reducción alemana de todas las variables a un término común, como la idea de Walter Gropius de proyectar la cuchara y la ciudad a partir de un principio unitario?

Los deseos nunca determinan unívocamente las formas. Siempre es posible que varias formas satisfagan un deseo determinado, si no tendríamos que admitir que la literatura dejara de existir. El principio de la idea del deseo es que siempre se mantendrá insatisfecho. Lo interesante de un deseo es que si se persigue se acaban descubriendo necesariamente otros cuatro o cinco nuevos. Creo que el gran objetivo debe ser construir un apoyo provisional, nada más. La memoria de una ciudad no es un cúmulo continuo de eternidades. Sólo puede preservarse "en su específica discontinuidad histórica", como dice Manfredo Tafuri. Debemos tener el valor para enfrentarnos a esa discontinuidad inevitable y tomarla como un estímulo.

Créditos de las ilustraciones